Schniblo

14. März

Frida Schnürschuh

Bibliografische Information der Deutschen Nationalbibliothek

Die Deutsche Nationalbibliothek verzeichnet diese Publikation in der Deutschen Nationalbibliografie; detaillierte bibliografische Daten sind im Internet über http://dnb.d-nb.de abrufbar.

1.   Auflage Juni 2020

Herstellung und Verlag:
BoD - Books on Demand GmbH,
Norderstedt
ISBN 978-3-751-95563-8

Für Marco, Gerd, Lutz, Raphael, Arno, Markus, Sven, Tom, Martin, Guido, Patrick, Dejhan, Vincent, Thomas, Stefan, Till, Bernhard, Philipp, Mario, Sebastian, Kurt, Axel, Günter, Timo, Jan, Nils, Ralf, Christian, Chan, Martin-André, Roberto, Fridolin, Kersten, Danilo, Yves, Manuel, Andreas, Heiko, Lars, Rolf, Peter, Uwe, Eli, Urs, Kai-Ingo, Jens, Eberhard, Trompeten-Tim, Frank, Olaf, Gerald, Jörn, Bardia, Mark und Marc, Chan, Sergei, Daniel, Frank, Israfil, Anton, Hasan, Kay, Olli, Erik, Mike, Emanuel, Artem, Dragan, Eddie, Porsche-Andy, Bodo, Peter, Adrian, Jürgen, Rüdiger, Cornelis, Gunnar, Rainer, Friedhelm, Eugen und Ben

Ist das eine Lektüre, in der Worte fallen, Bilder sprechen, Raum und Zeit an Bedeutung verlieren?

Kurze Pause.

Und ist das ein Bild der dunklen Seite des Mondes?

Ja, die Abbildung zeigt die schönen Ecken des Mondes. Im Frühling.

Die Geschichte handelt vom Sonnenschein im Sternschnuppenregen.

Naron klopft an die Badezimmertür.

»Mila, wusstest du, dass heute der Schniblo-Tag
feierlich begangen wird?«

»Der wie bitte Tag? Hast du *Schniblo* gesagt?
Was soll das sein? Dieses Wort habe ich noch
nie gehört.«

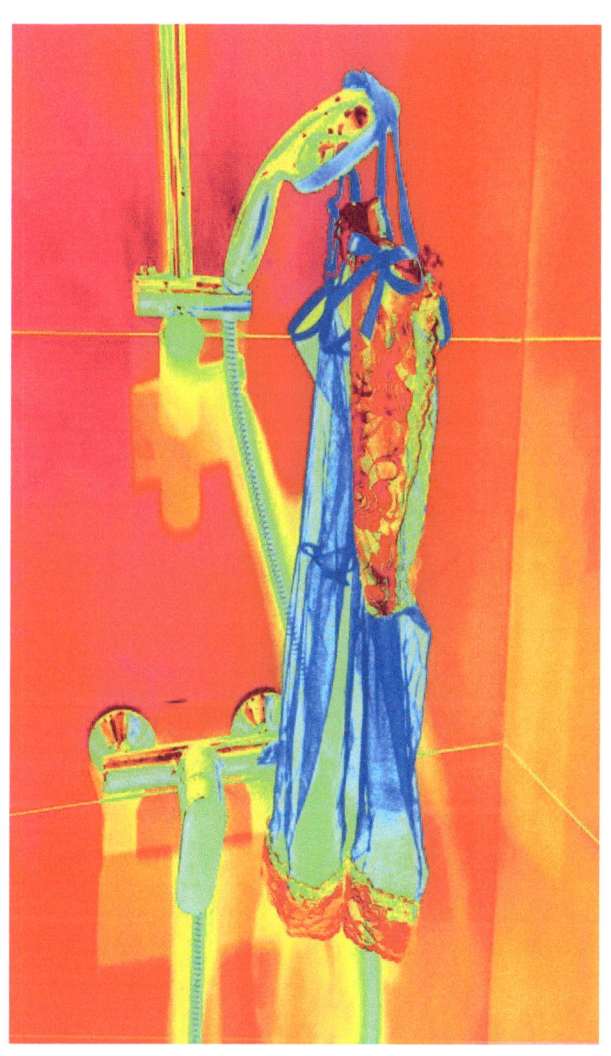

Mila kommt zu Naron ins Schlafzimmer und posiert auf dem Hocker.

»Ja, du hast richtig gehört. Heute, am 14. März, ist der Valentinstag für Männer.«

»Das sagt mir nichts.«

»Also, einen Monat nachdem die Frauen Romantik pur erfahren, indem sie Blumen, liebreizende Geschenke und viele andere Aufmerksamkeiten bekommen, haben sich die Herren den Schniblo-Tag geschaffen. Die Abkürzung für Schnitzel und Blowjob.«

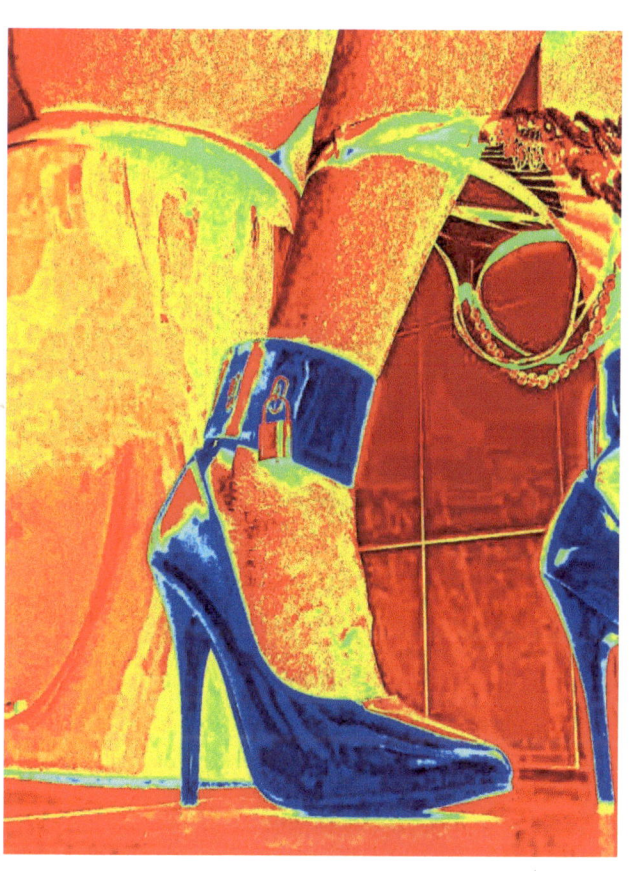

Während Naron spricht, wirft sich Mila auf das Bett. Sie gewährt ihm liebreizende Einblicke.

»Nein, ich bin nicht der Erfinder dieses Feiertages. Du brauchst nur das Radio einzuschalten. Gerade eben, vor vielleicht zehn Minuten, kam ein Schniblo-Bericht.«

Mila schaut Naron ungläubig an.

»Auch wurde ich heute schon vermehrt über WhatsApp auf diesen Schnitzel-Blowjob-Tag aufmerksam gemacht.«

»Wenn du es sagst, wird es wohl so sein.«

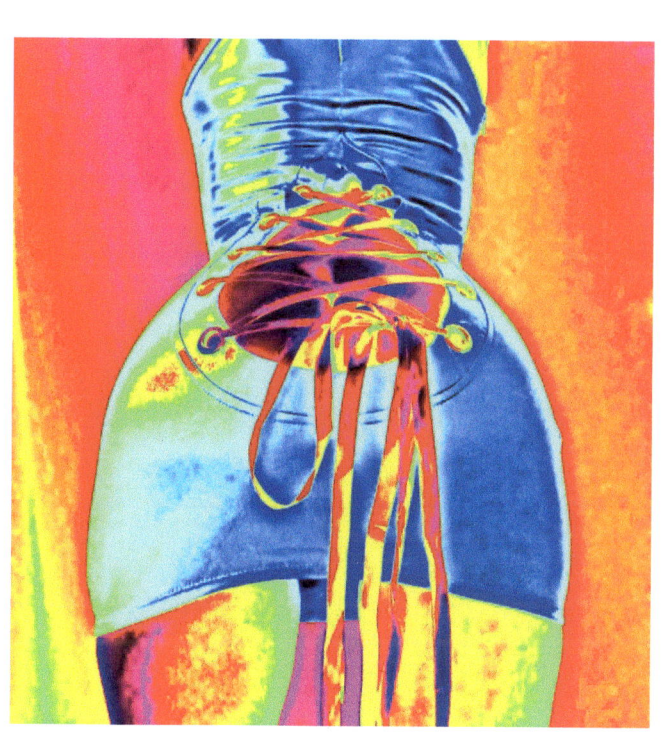

»Heißt das, ich komme heute noch auf meine Kosten?«

»Viellcicht.«

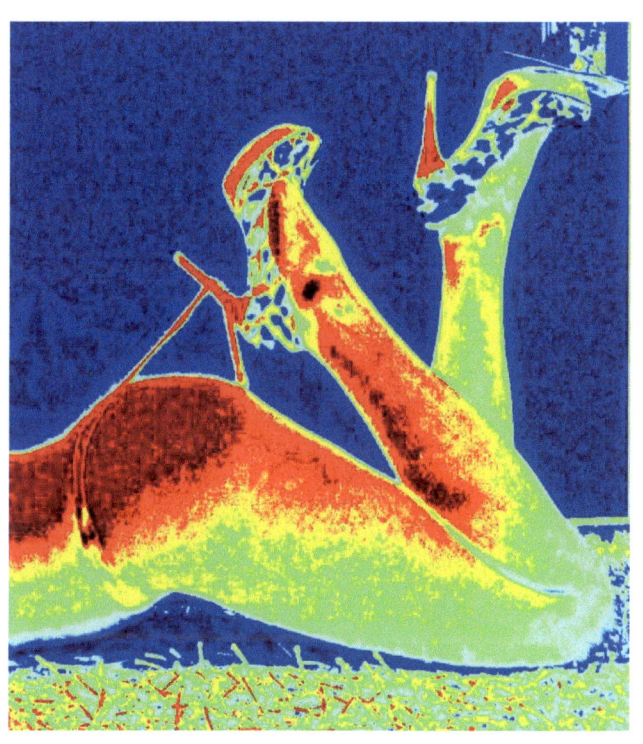

Der Fuchs fliegt im Heißluftballon auf den Mond.
Seine lavendelgelben Augen funkeln
in der Dunkelheit.

Die Ratte verehrt den Fuchs. Sein Fell ist seidig
und in ihrer Fantasie weht es im Wind.

»Fuchs, warum ernährst du dich vegan? Hat das etwas mit deinem ADHS zu tun?«

»Nein, meine liebe Ratte. Der Grund ist simpel. Ich will nicht auf deine Gesellschaft verzichten.«

Auf der Erde hatte die Ratte ausgedient. Als sie alt und klapprig geworden war und nicht mehr als Minensuchratte fungieren konnte, war sie dem Tod geweiht.

»Die Menschen sind undankbar. Ich vermisse sie hier auf dem Mond keineswegs.«

Am gelben Donnerstag malt der heißblütige Fuchs seiner geliebten Ratte eine Ananas ins Herz.

Das Bild ist speziell, es ändert sich ständig.

Abgestimmt auf den Gemütszustand des Betrachters erfindet es passende Farbabstimmungen.

»Stell dir eine Farbe vor, die es noch nicht gibt.«
»Wie soll das bitte gehen?«

Der Fuchs schließt seine Augen und versucht der
Ratte auch diesen Wunsch zu erfüllen.

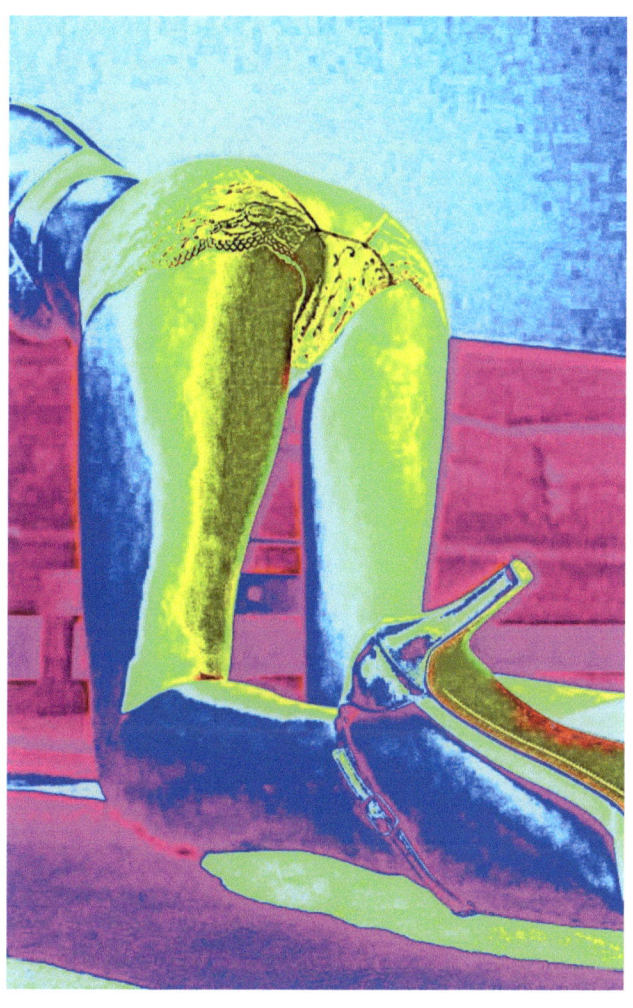

Blitz und Donner toben durch die Straße. Mila steht mit ihrem tragbaren Grill in der einen Hand und dem Bratgutwender in der anderen am S-Bahnhof Mexikoplatz. Sie wartet auf den Zug. Ihr Blick trifft auf einen älteren Herrn.

»Gute Frau, grillen bei Sturm und Hagel?! Ihr Anblick provoziert.«

»Ja, ich hole meinen Freund von der Arbeit ab. Er möchte ein Schnitzel essen. Dreieinhalb Minuten von jeder Seite ... er hegt da ganz spezielle Vorlieben.«

Der Herr steht auf. Freimütig bietet er Mila seinen Sitzplatz an: »So setzten Sie sich doch bitte. Derart schwer beladen, das kann ich nicht mit ansehen. Außerdem ist dieser Platz überdacht.«

Mila setzt sich. Ihr Dank ist ein zartes Lächeln.

Milas Tagtraum glitzert bunt vor sich hin. Das Feuerwerk der Lust ist entfacht. Fuchsgrüne Funken toben durch ihr Universum. Ein Lächeln umspielt ihre Mundwinkel. Hitze steigt in ihr auf und auch das tiefe Verlangen ihren Liebsten zu verführen und sein schlichtes Gemüt zum Beben zu bringen.

Es ist genau der Gesichtsausdruck, den Naron so an ihr liebt, der ihn Karussell fahren lässt. Bei diesem Anblick wandeln sich seine mürrischen Gesichtszüge in ein bezaubernd weiches Lächeln.

Die S-Bahn kommt. Mila steigt ein. Die Engelsflügel an ihrem Herzen beginnen zu schlagen und ihre Lust ist ungeduldig.

Der Fuchs wiegt die Ratte sanft in seinen Pfoten. Eng
umschlungen springt er mit ihr von der Ecke
des Mondes. Sie wollen im All weitere
Planeten erkunden.

Und Naron steigt in Milas Abteil zu. Sie spielen
Fremde. Reizvolles Knistern liegt in der Luft.

Sie sitzt ihm gegenüber. Der Rock ihres Sommer-
kleidchens rutscht ein Stück nach oben. Naron
wird nervös. Er stellt sich vor, wie er Mila
das Kleid vom Körper reißt. Kopfkino.

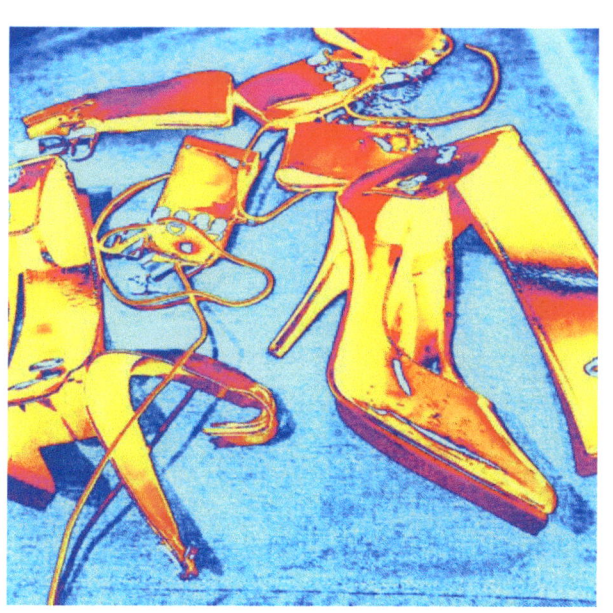

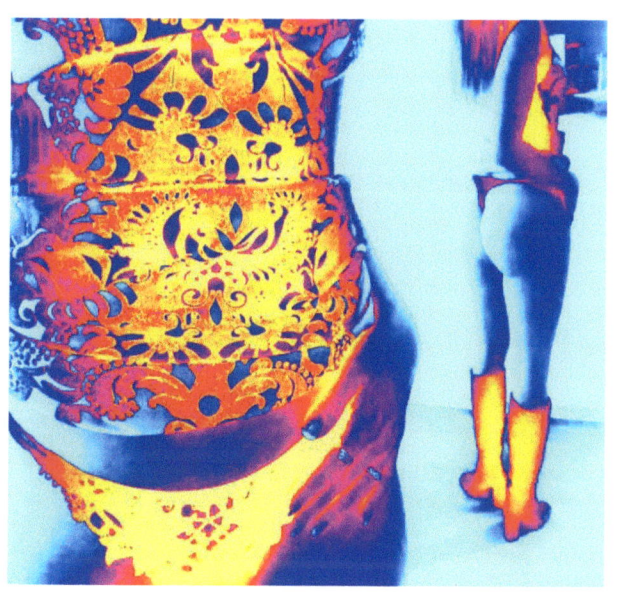

Naron lächelt verschmitzt, als sein Blick zum Grill wandert.

»Fahrkartenkontrolle!«, dröhnt es auf einmal durch das Abteil.

Jetzt wird Mila nervös. Sie zückt ein abgelaufenes Ticket aus ihrem Portemonnaie.

Der Kontrolleur ist durch den Grill abgelenkt und bemerkt nicht, dass er eine Schwarzfahrerin anspricht: »Ist dort ein Schnitzel drin?«

Mila nickt.

S-Bahnhof Sundgauer Straße.
Mila steigt aus.

Naron folgt ihr unauffällig. Er kennt das Spiel,
sie sind des Öfteren als Fremde unterwegs.
Auf der Schneckenbrücke zwischen all
den Graffitis stellt Mila den Grill ab.

Naron hat sie in wenigen Schritten eingeholt und
fragt, ob er behilflich sein kann. Er übernimmt.
Während Naron das Fleisch über der Glut
verteilt, küsst Mila seinen Hals, dann
die Schulter entlang und ihre
Hände zupfen sein Hemd
aus der Hose.

»Immer langsam!«, mahnt Naron.
Mein Freund der Abenddämmerung braucht
erst mal eine Stärkung, bevor du ihn hier so überfällst.

»Für einen Knutschfleck brauchst du weder deine
Hände noch musst du das Schnitzel dafür
anbrennen lassen. Das wirst du ja wohl
nebenbei auf die Reihe kriegen.«

Sie lässt ihren Kopf in den Nacken fallen, öffnet den
Reißverschluss ihres Kleides ein Stück und
zeigt auf ihr Dekolleté.

»Mila! Bitte. Ich weiß gar nicht wie das jetzt gehen
soll. Wir sind doch keine 14 mehr.«

»Naron«, mahnt sie spitz.

Er gibt sein Bestes,
Mila kichert.

Sommergewitter.

Mila kümmert sich um Narons Lust, während das Schnitzel grillt. Hagelkörner fallen vom Himmel.

Abendrot.

Die unendliche Sinnlichkeit
fasziniert.

Als Mila und Naron sich durchnässt und ziemlich entkräftet auf den Heimweg machen, zückt Mila ihren Handspiegel. Sie betrachtet ihr Dekolleté und nörgelt: »Ganz schön mickrig dieser Knutschfleck.«

Das Künstler-Trio

Frida Schnürschuh hat Bekleidungsdesign studiert und war lange in der Modebranche tätig. Die Autorin lebt mit ihrer Familie und einem Hund in der Flughafenhauptstadt Berlin. Ihre bisherigen Werke wurden unter anderem über Ullstein, Carlsen und Weltbild publiziert. Fridas Hobbys sind Malen, Fotografieren und Lachen.

Lilo Amselfelder wohnt in Berlin nah bei den Wasserbüffeln im Tegeler Fließ. Die Profi-Tänzerin ist neben ihrem Vollzeitjob im Finanzwesen als Yoga-Lehrerin tätig. Ihr Motto *be crazy & wild* lebt sie nicht nur privat, sondern auch in ihrem künstlerischen Schaffen aus. Es finden regelmäßig Ausstellungen ihrer Bilder statt. (Schwerpunkt: Malerei, Aktzeichnen und Fotografie)

Irma Grühn wohnt im Speckgürtel von Berlin zusammen mit ihrer Familie und einem Turmfalken im Gebälk. Die gelernte Fotografin hat dem Rollrasen den Krieg erklärt. Sie hat blaue Erdbeeren in ihren Garten gepflanzt und sich im Taekwondo schon erfolgreich den einen und anderen Gürtel erkämpft. Ihr Motto lautet: *Wer nicht fühlen will, muss denken.*

Momentan arbeiten die drei Freundinnen an einem Foto-Kalender der anderen Art.